Respectueux hommage

[signature]

A. LIÉBAUT

CHANOINE, CURÉ D'OUTREMÉCOURT

———

LES

NOTABLES HABITANTS & DÉFENSEURS

DE

LA MOTHE

EN LORRAINE

———

NANCY

A CRÉPIN-LEBLOND, IMPRIMEUR-ÉDITEUR

21, rue Saint-Dizier, rue des Dominicains, 40

(Passage du Casino)

1912

HOMMAGE

J'offre cette modeste addition à l'histoire de La Mothe, notre glorieuse et malheureuse forteresse, aux descendants existants des héroïques défenseurs de leur cité.

Outremécourt, 29 septembre 1912.

A. LIÉBAUT,

Chanoine honoraire, curé d'Outremécourt.

AVANT-PROPOS

Quiconque a lu les relations des sièges de **La Mothe**, le dernier boulevard de la Lorraine, ne peut se défendre d'une admiration bien justifiée pour les magnanimes habitants de cette cité, qui ont tout sacrifié pour sauver leurs pénates. Je n'exagère pas en les traitant de vrais héros. Hommes, femmes et demoiselles, tous se sont illustrés dans d'opiniâtres luttes. Les hommes avec l'épée et le canon, les femmes sur le haut des remparts, en lançant, à l'exemple du frère Eustache, des cailloux sur la tête des assiégeants, les demoiselles en les attirant dans des embuscades (champ des violons).

Faire revivre et laisser à la postérité les noms de ces braves, voilà tout mon plan. Sur les familles les plus importantes, je donnerai quelques notions, pour les autres, faute de documents précis, je citerai au moins les noms.

Pour ce travail, je me servirai d'abord de notre registre des naissances ou mieux des baptêmes. Nous possédons à Outremécourt le registre des quatre dernières années des baptêmes de la ville de La Mothe (1641 à juillet 1645). C'est dire que je ne veux parler que des familles ayant habité notre ville et en ayant été les défenseurs. Puis, j'utiliserai ce que j'aurai pu recueillir dans divers auteurs : Moreri, D. Pelletier et *alibi*... Si quelques noms n'ont pas toute leur orthographe, il faudra s'en prendre à la difficulté de déchiffrer certains vieux manuscrits où bien des mots sont abrégés ou en partie effacés. Daigne le public faire bon accueil à ce dernier effort d'un vieillard.

A. LIÉBAUT,

Chanoine honoraire, curé d'Outremécourt.

LES FAMILLES NOTABLES DE LA MOTHE

De Choiseul d'Iche ou d'Ische.

Ancienne maison du comté de Champagne.

François de Choiseul, seigneur de Clémont, avait épousé Magdeleine de Livron. Antoine de Choiseul, chevalier, seigneur d'Ische et gouverneur de La Mothe, mourut en 1617. Son fils, Antoine III, hérita des mêmes dignités et était gouverneur en chef de cette ville au siège de 1634, lorsque, le 21 juin, il fut frappé d'un éclat d'obus en traversant le pont qui reliait la place d'armes à la ville. Il tomba entre les bras de son frère, Frère Eustache, capucin, en s'écriant : « Mon frère, retenez-moi, je meurs, Jésus, Marie. »

La famille de Choiseul porte : d'azur à la croix d'or cantonnée de 18 billettes 10-8. Cimier : de roseaux en naturel.

Christophe de Choiseul.

Frère Eustache. — Il était le plus jeune frère de M. de Choiseul d'Ische. Il avait d'abord servi dans l'armée de

Charles IV, puis, blessé au siège de Moyenvic, il renonça à la carrière des armes et entra chez les capucins sous le nom de Frère Eustache. Il parvint à pénétrer dans La Mothe pendant le siège et, après avoir recueilli le dernier soupir de son frère, il continua à travailler à la défense de la ville. Ses vœux lui interdisant l'usage des armes à feu, du haut des remparts il lançait des pierres sur les têtes des assaillants. Et cependant, d'après Monglat, il était un des meilleurs canonniers de son temps.

De Sarrazin (Jean), seigneur de Germainvilliers.

La famille de Germainvilliers était originaire de Pont à Mousson et elle fut anoblie en la personne de Claude Sarrazin, par lettres du grand duc Charles, données à Nancy le 18 octobre 1573.

Jean de Sarrazin, seigneur de Germainvilliers, lieutenant du gouverneur de La Mothe, commanda en chef après la mort de M. d'Ische. A ce siège de 1634 il avait eu d'abord avec de Watteville et d'Illoud la garde et la défense du bastion Saint-Nicolas. Sur ce bastion, il eut son casque brisé par une balle. Au dernier siège (1645), il fut de ceux qui signèrent avec Cliquot et le général Français le traité de capitulation que l'on foula aux pieds.

Il épousa Marguerite de Hay, et sa fille Amprosue de Sarrazin épousa en 1636 François de Montarby, seigneur de Fréville et capitaine du régiment de Francières.

Un Claude de Sarrazin avait épousé Catherine de Héraudel, fille de Nicolas de Héraudel. Élisabeth-Catherine de Sarrazin, fille de Messire *Antoine-Théodore de Sarrazin*, chevalier, seigneur de Germainvilliers et d'Ozières, et de

Barbe Colin d'Aingeville, épousa par contrat du 11 décembre 1735 à Graffigny, *Antoine-François de Landrian*, né en 1709, chevalier, seigneur d'Alarmont, Lieutenant général du Bailliage du Bassigny et subdélégué de l'Intendant.

C'est M. de Sarrazin qui, après la destruction de La Mothe, recueillit la belle croix qui ornait une des places de la ville et la plaça devant son château de Germainvillers où on la voit encore au bas de la rue se dirigeant sur Damblain.

Sarrazin porte : d'azur au chef d'argent, chargé d'un lion léopardé, passant de gueules et cousu, en pointe, une étoile d'or.

De Bassompierre.

Les Bassompierre sont originaires d'Allemagne, établis en Lorraine dès le XVe siècle. Chez nous, leur berceau paraît être à Haroué où se trouve le superbe château possédé par un de leurs descendants, le Prince de Bauveau. C'est dans cette petite ville qu'un comité éleva en 1897 un magnifique monument à la mémoire de François de Bassompierre, qui avait été maréchal de France.

Disons aussi que les Bassompierre jouèrent un rôle important dans les guerres de religion... que Christophe de Bassompierre signa au nom du duc de Lorraine (1595) une trève avec le représentant du roi de France et cette trève fut bientôt la fin de cette longue et malheureuse guerre. Christophe de Bassompierre deviendra ensuite gouverneur de La Mothe pendant plusieurs années (1602-1604) et fera construire le bastion Le Duc, le plus élevé et le plus solide de tous (100 pieds à partir de la deuxième redoute).

C'est dans les ruines qui environnent ce bastion, que nous avons trouvé la pierre portant les armes des Bassompierre. Cet écusson était si bien conservé, que nous avons pu l'envoyer au Musée de Nancy, où on peut le voir.

Pendant le premier siège de La Mothe, le marquis de Bassompierre avec le comte de Salm et le baron de Mercy, venait de Haguenau et accourait au secours de La Mothe, lorsqu'il fut pris et fait prisonnier par le Rhingrave Othon.

Les de Bassompierre ont conclu d'illustres alliances avec les Dommartin, de Tornielle, d'Haraucourt, de Bauveau, de Nettancourt, de Craon.

Bassompierre porte : d'argent à trois chevrons de gueules.

De Cliquot.

Maison éteinte qui s'était établie en Lorraine après la défaite du duc de Bourgogne. Le nobiliaire de Lorraine pense que cette famille était originaire de Flandre.

Léonard de Cliquot épousa Marie-Alix de Vroncourt, dont il eut Abraham de Cliquot, qui, de son épouse Anne Magnier, eut notre Laurent de Cliquot d'abord général des armées de Charles IV, puis gouverneur de La Mothe, qu'il défendit avec courage et opiniâtreté dans les deux sièges de 1642 et de 1645. M. de Cliquot avait le titre de seigneur de Liffol-le-Grand.

De son épouse Jeanne-Agnès de Saint-Astier, M. de Cliquot eut plusieurs enfants, desquels il ne lui resta que Béatrix-Henriette, baptisée à La Mothe le 30 novembre 1642, ayant pour parrain Henri de Landrian et pour marraine Béatrix de Lorraine (registre de paroisse). Pour récompenser les actes de valeur du colonel de Cliquot, le 27 mai 1641, le duc de Lorraine lui donnait les terres de Liffol-le-Grand et de Villouxel et le nommait gouverneur de La Mothe (Chapelier).

Dans ce registre de paroisse, M. Laurent de Cliquot et son épouse Jeanne-Agnès de Saint-Astier figurent souvent, l'un comme parrain, l'autre comme marraine des nouveaux enfants de Dieu. Preuve évidente de l'estime dont les familles les entouraient.

Béatrix de Cliquot devint dans la suite l'épouse de François-Simon de Nettancourt-Chatillon, en sorte que c'est dans cette maison qu'est fondue celle des Cliquot.

Cliquot porte : d'argent à la fasce de gueules, chargé de trois besants d'or. D'autres disent : écartelé en sautoir d'azur et de sable à douze besants d'or et sur le tout un faux écu d'argent posé en cœur.

La maison de Saint-Astier est originaire de France, sur les confins du Limousin. Le premier qui vint en Lorraine fut le sʳ de Saint-Astier, seigneur de Ludien, qui épousa Anne de Nettancourt, de laquelle il eut Geoffroy de Saint-Astier, qui mourut ayant une fille de Marie de Beauveau, sa femme.

De Landrian.

Les Landriani de Landriano (Milanais), chevaliers par diplôme de 1357, chevaliers Bannerets aux Croisades, plus tard barons du Saint-Empire et des États immédiats d'Autriche, seigneurs d'Outremécourt, d'Aingeville et d'Alarmont et barons du Montet en Lorraine. Albert, Auguste et Bernard Landriani furent béatifiés en 1060. Gérard, cardinal Landriani, assista au concile de Bâle et fut ambassadeur du Saint-Siège auprès du roi Henri VIII d'Angleterre. Antoine, comte Landriani, épousa la fille du duc d'Urbin.

Cette famille compte plusieurs sénateurs et ambassadeurs du Milanais, des généraux des armées de Charles-Quint, un légat du Pape Sixte-Quint auprès du roi Henri IV, des chevaliers de Malte, un page du duc de Lorraine, un conseiller d'État du duc Charles IV et plusieurs chevaliers de Saint-Louis. Elle était apparentée aux Papes Urbain V, S. Pie V et Jules II (Trib. 26 avril 1883). Glycerio Landriani, évêque de Milan, fut canonisé.

Du Milanais, son lieu d'origine, voici comment cette famille vint en Lorraine. Le Duc de Lorraine, *Antoine le Bon*, revenant de la campagne d'Italie, 1515 et 1516, où il avait accompagné François Ier, ramena avec lui quatre jeunes cadets de familles de Lombardie, dont il fit ses pages : Un Chalani, un Ferrari, un Tornielli et un Landriani, qui deviennent les Chalane, Ferrare, Tornielle et Landrian (1).

Ce dernier s'établit à La Mothe où il joua un rôle important, surtout pendant les sièges ; car il fut un des héroïques défenseurs de cette place. Il équipa et entretint à ses frais la Compagnie dont il avait le commandement. Nous savons même par des documents sûrs, conservés dans la famille, qu'après la capitulation au dernier siège (1645), M. de Cliquot, voulant se dérober aux colères de l'ennemi, confia la garde et la conduite de ses soldats à M. Nicolas de Landrian, son écuyer et aide-de-camp. (Sièges de La Mothe Lieb. p. 100.)

Cette famille figure souvent dans notre registre. D'abord pour deux naissances :

------

(1) Au XVIe siècle, on trouve les de Chalant, et les de Tornielle à Beaufremont dont ils sont les châtelains (Chapellier).

Blaise de Montluc, dans ses *Commentaires*, parle d'un Comte de Landrian, capitaine dans ses armées.

15 février 1642. — Gabrielle de Landrian : parrain, Charles Héraudel, marraine, Gabrielle de l'Isle.

30 mars 1645. — Charles-Henri : parrain, le sieur de Salm ; marraine, Béatrix de Cliquot, mineure. .

Les de Landrian sont souvent parrains ou marraines. Marque d'estime.

Landrian porte: d'or au Château de Sinople, maçonné de sable, flanqué de deux tours de même, crénelées, et en chef une aigle éployée de sable, becquée, armée et diadémée de gueules, tenant ses serres sur l'une et l'autre tour. Cimier : une aigle de l'écu.

Duboys de Riocour.

La famille Duboys prétend tirer sa noblesse et son origine d'Auvergne. Il est certain qu'Antoine de Riocour, grand-père de Nicolas, était déjà conseiller d'État et lieutenant-général au baillage de Bassigny (1) avant d'être anobli par le duc Henri.

Nicolas Duboys de Riocour, lieutenant-général du Bassigny, conseiller à la Cour souveraine, intendant de l'armée de Charles IV, épousa en premières noces, en 1634, Claude Hiérosme dont il n'eut pas de postérité. Il épousa en secondes noces (1646) Anne de Lestre, fille de Gisle de Lestre, seigneur de Riocour, dont il eut une nombreuse famille. Nicolas Duboys de Riocour, conseiller

---

(1) Il mourut à La Mothe le 23 décembre 1636 et fut inhumé en la chapelle Ste-Catherine de l'église Notre-Dame (la Collégiale) où un *obiit* fut fondé pour le repos de son âme moyennant une donation de cent-cinquante livres barrois. (Archives de la famille).

du duc Charles IV, après avoir été un vaillant officier, fut de la délégation envoyée à la Cour de France pour obtenir grâce en faveur de sa chère patrie. Sa démarche fut sans succès, et à son retour, il eut la douleur de trouver les démolisseurs en train de perpétrer leur œuvre néfaste, au mépris de la capitulation jurée. C'est d'ailleurs ce qu'on lui avait annoncé à la Cour.

Nicolas Duboys de Riocour est auteur de nombreux ouvrages, mais surtout des intéressantes relations des sièges de La Mothe. C'est le témoin oculaire qui a son journal et nous raconte les faits dans toute leur lugubre simplicité. De lui, on possède aussi : un commentaire de la coutume du Bassigny ; l'histoire de l'emprisonnement de Charles IV au château de Tolède, en Espagne. Cette histoire est à la suite des mémoires du marquis de Bauveau.

Duboys de Riocour mourut à Damblain, à l'âge de 81 ans, le 29 juin 1692.

Riocour porte : d'azur, à un arbre d'or, fruité de même.

Le Baron de La Chaise, lisons-nous dans le *Journal de la Meurthe*, se rattache à la Lorraine, comme descendant de la famille de Riocour, par sa mère, née Renée de Riocour.

Charles Héraudel, prévost des Chanoines.

C'est à lui que la tradition attribue la mort de Magalotti. Nons savons que le bastion Vaudémont était confié à la garde des chanoines de la Collégiale de La Mothe. Le Doyen ou prévost était celui que nous venons de nommer. Un jour, Magalotti, chef de l'armée française, s'avise de venir en explorateur sur le monticule que surplombe le bastion Vaudémont. Les vigilants chanoines aperçoivent le cheval blanc du général. Héraudel épaule sa carabine et soudain le guerrier tombe ; ses hommes courent à son secours et l'emportent. La balle du chanoine avait fait son œuvre. Magalotti meurt et on lui fait à Chaumont de solennelles funérailles.

La famille Héraudel est bien de notre ville. Le prévost des chanoines y occupait un rang distingué et notre registre nous le montre souvent en contact et aux honneurs avec les grandes familles.

Nicolas Héraudel, seigneur de Mandres, demeurant à La Mothe, fut anobli par le duc Charles III, le 6 juillet 1555. Une des filles, Catherine, épousa Claude Sarrazin, une autre, Marguerite, épousa François d'Ourches de Vidampierre. Notre illustre chanoine appartenait à cette famille. Son neveu, Jean Héraudel, s'illustra comme avocat et dans les lettres. Il fut l'auteur d'une élégie sur les malheurs de la Lorraine.

D'Ourches de Vidampierre.

Je n'ai rien trouvé de précis sur cette importante famille. Elle habita La Mothe. Nous en avons, comme témoignage, les deux tombes qui sont dans le parvis de notre église d'Outremécourt, devant la table de communion, l'une dans la grande allée. Les inscriptions en partie effacées portent encore les noms de cette famille. N'oublions pas que l'église d'Outremécourt est complètement pavée avec les tombes rapportées du cimetière de La Mothe.

D'Ourches de Vidampierre, capitaine de cavalerie au siège de 1634, dans différentes sorties fit preuve d'une bravoure qui méritait plus de succès.

François Aymé ou Esmez

François Aymé fut un vaillant défenseur de La Mothe, où il était à la tête d'une compagnie. Son action fut remarquée dans les deux Sièges. François Aymé fut de ceux qui après le dernier siège signèrent la capitulation foulée aux pieds par la France. François Aymé fut aussi colonel du régiment d'Épinal, au service du duc Charles IV. Ce prince l'anoblit le 4 novembre 1651 et les lettres furent entérinées le 21 du même mois au Parlement de Lorraine, séant à Luxembourg (1).

François Aymé père avait épousé *Anne* Tranchot, et c'est par elle qu'il était beau-frère de Nicolas de Landrian. D'*elle* aussi il eut à La Mothe :

Jeanne-Françoise, baptisée le 20 novembre 1642, ayant pour parrain : Henri de Norroy, baron d'Urbache, et pour marraine : Jeanne-Agnès de Saint Astier.

Claude Michel, baptisé le 17 avril 1645.

La famille Aymé porte : d'azur à l'épée flamboyante d'argent mise en pal, surmontée de 3 étoiles d'or mises en rang.

Tranchot.

Antoine Tranchot, prévost et *gruyer* de Baufremont, fut anobli par Charles IV, pour avoir servi en qualité d'en-

---

(1) François-Aymé, de la Herlière par son mariage (1721) avec Mlle du Moulard, fille de M. du Moulard, Seigneur de la Herlière (en Artois).

seigne et même comme capitaine à la défense de La Mothe. Il avait, comme les de Landrian, équipé à ses frais et conduit une compagnie d'infanterie.

Tranchot porte : d'azur à trois flèches mises de rang en pal, liées de gueules, surmontées en chef de trois étoiles d'or.

De l'Isle.

La famille de l'Isle, originaire du Bassigny-Barrois, fut anoblie par lettres patentes du duc Charles III de Lorraine, datées du 8 juin 1572. Alliés successivement à la famille de Nicolas Remy, le célèbre procureur-général, aux de Ravinel, aux de Landrian, les de l'Isle ont donné à la Lorraine, outre de vaillants officiers, le savant Dom de l'Isle, prieur de Saint-Mihiel et son historien, né le 31 avril 1688 et mort le 24 janvier 1766. Dom de l'Isle a laissé de nombreux ouvrages, et surtout de belles poésies. *Pays Lorrain*, 1912.

Dans notre registre, nous trouvons Gabrielle de l'Isle, épouse de M. de Malaincourt, tenant sur les fonts sacrés avec Ch. Héraudel, un enfant de Nicolas de Landrian (15 février 1642) et aussi le 12 octobre 1644, un enfant de l'avocat Etienne Choël.

Anne de l'Isle, fille de Charles-Alexis de l'Isle, écuyer, et de dame Anne Duboys de Riocour, épousa par contrat du 10 février 1708 *Errard de Landrian*, écuyer, Conseiller au bailliage du Bassigny.

Marie-Anne de Landrian, fille de Errard de Landrian et de Anne de l'Isle, née le 26 août 1710, épousa le 17 novembre 1731 son cousin *Jean-Baptiste de l'Isle*, chevalier, sei-

gneur de Brainville, Hacourt et la Maison-forte, capitaine, etc., etc., fils de *Claude-Joseph de l'Isle* et de *Barbe Morel*.

De l'Isle porte : d'azur au chevron d'or accompagné de trois têtes de licorne d'argent 1 et 2, chargé de trois croix fleuronnées de gueules.

De Montarby.

De Montarby, famille connue dès le temps des Croisades auxquelles elle prit part (Chapelier).

Les de Montarby figurent plusieurs fois dans notre registre (mars 1642-1644). Ils étaient apparentés avec les familles de Chastenois, de Sainte-Marie, de Landrian, de Tricornot. Cette famille, originaire de Lorraine, compte dès le XIVe siècle parmi les plus importantes du Bassigny. Elle était de celles qui siégeaient aux assises de l'ancienne chevalorie de cette province. Jean de Montarby, seigneur d'Auvemont, puis de Saulxure, était conseiller d'État, écuyer et maître d'hôtel de Charles III. Il était fils de Jacques de Montarby. Il fut d'abord blessé à l'épaule au premier siège de La Mothe (1634) ; puis il fut tué au dernier siège (1645), alors qu'il avait, avec M. de Roncourt, son beau-frère, la garde et la défense du bastion Sainte-Barbe.

Montarby porte : de gueules au chevron d'argent Couronne de comte, support : deux lévriers.

D'Illoud.

D'Illoud, capitaine de la bourgeoisie: greffier en chef du bailliage du Bassigny.

Nicolas d'Illoud fit preuve d'un grand courage au siège de 1642 et à celui de 1645. Son nom figure dans l'acte de capitulation.

D'Anglure, seigneur de Melay.

Cette maison est de l'ancienne Chevalerie et est originaire de Champagne. Antoine d'Anglure épousa Marie de
Blois et en eut Oger d'Anglure, qui épousa Jeanne de Bour-
lémont, et en eut Simon d'Anglure d'Estoge, créé chevalier
de Saint-Maurice, par René Ier en 1449. Celui-ci épousa
Isabeau du Chatelet et en eut Saladin d'Anglure.

René d'Anglure, seigneur de Melay, fut gouverneur de
La Mothe et était à la tenue des états de Lorraine en 1594.
Est-il l'un de ceux dont parle Duboys de Riocour, quand
il cite deux personnages seigneurs de Melay, de la maison
d'Anglure, qui furent successivement : le premier, capitaine, et le deuxième, gouverneur de La Mothe ?

D'Anglure porte : d'or fermé de grillots d'argent, sou-
tenu d'un croissant de gueules.

De Roncourt.

René de Roncourt était seigneur dudit lieu et sénéchal
de La Mothe et Bourmont. Son grand-père Étienne Menu,
demeurant à La Mothe, fut anobli par lettres de Charles
duc de Lorraine données à Nancy, le 16 juin 1583. Il
épousa en premières noces Barbe de Sarrazin, fille de Jean
de Sarrazin, seigneur de Germainvilliers et de Marguerite Tabouret. De ce premier mariage il eut Barbe de
Roncourt, plus tard épouse de Richard de Wale, seigneur
de Romain. D'un second mariage il eut une postérité nombreuse. Il fut blessé au premier siège de La Mothe et au

siège de 1645. Il eut avec M. de Montarby la garde et la défense du bastion Sainte-Barbe. Un de Roncourt épousa Mlle de l'Isle.

La maison de Roncourt portait : d'azur à la fasce d'argent, chargée de trois merlettes de sable, membrées de gueules, et accompagnées en chef d'une croix pommetée et fichée d'argent; et pour cimier un homme sauvage au naturel, tenant une masse de sable.

La Bretonnière.

La Bretonnière s'illustra au siège de 1634 étant avec de Saint-Ouen et Guillot chargé de la défense du bastion Dannemark. Il était capitaine de la garnison et se distingua par plusieurs actes de bravoure. (Chapelier.)

De Saint-Ouen.

De Saint-Ouen (1) fut un des principaux défenseurs de La Mothe. Au siège de 1634, de Saint-Ouen avait avec La Bretonnière la garde et la défense du bastion de Dannemark. Il y fut blessé. Ce bastion eut à subir de gros assauts et c'est sous ses murs que se livrèrent de nombreuses batailles.

---

(1) Madame Urguet de Saint-Ouen née Françoise-Rosalie de Lanfant était la nièce du célèbre P. Lanfant, ancien Jésuite, prédicateur du roi, massacré par la populace de Paris le 5 septembre 1792.

De Saint-Ouen est un des signataires de la capitulation après le dernier siège (1645) (1).

Cette famille figure fréquemment sur notre registre. Nous y voyons : Claude de Saint-Ouen qui a pour épouse Élisabeth de Cordat ou Cardot. Hector de l'Espine qui épouse Élisabeth de Saint-Ouen. Un François de Saint-Ouen, une Jeanne de Saint-Ouen.

Les de Saint-Ouen, qui avaient châteaux et biens à Châtillon, Morizécourt et Saint-Ouen, avant de prendre eux-mêmes le chemin de l'exil, recueillaient et cachaient les prêtres non assermentés, leur donnant hospitalité et secours. (Voir THOMASSIN : *Persécution révolutiounaire dans le district de Lamarche.*)

Plumerel ou Plumeret.

Plumerel Claude avait un bon rang dans les hautes familles de La Mothe. Il fut procureur du Bassigny. De son épouse Bone d'Hacourt il eut, à La Mothe, une fille baptisée le 21 juin 1641, ayant pour parrain Charles Héraudel, prévost des chanoines, et pour marraine Jeanne Agnès de Saint-Astier.

Plusieurs de ce nom sont chanoines de La Mothe et un d'eux termine sa vie comme curé de Nijon. On voit dans l'église de ce lieu diverses épitaphes annonçant des fondations pieuses. Une d'elle viendrait de La Mothe.

---

(1) Les Urguet de Saint-Ouen anoblis par Henri II, duc de Lorraine, le 4 octobre 1619, portent : d'azur à un triangle d'or environné de trois étoiles d'argent, une au milieu du chef et les deux autres es côtés dudit triangle.

Damoiselle Bénigne Plumerel, fille de noble Jean Plumerel et de D^{lle} Jacobé de Vidranges, épousa par contrat du 12 mai 1610 *Charles de Landrian*, écuyer, conseiller d'État sous le duc Henri II.

Charles de Landrian, qui demeurait à La Mothe, fut assassiné au bas de la côte d'Alain-aux-Bœufs, dans la nuit du 26 août 1635. Une chapelle et une croix commémoratives rappellent ce funeste accident.

Collin d'Aingeville.

Collin Mamet, commissaire et major de La Mothe sous le gouvernement de Cliquot, épousa en premières noces Magdelaine de la Chapelle. Un autre Collin Mamet, sans doute le père de celui-ci, fut lieutenant général du bailliage du Bassigny. Le dernier décembre 1628, Jean-Baptiste Collin, docteur en droit et avocat, fils de Collin Mamet demeurant à La Mothe, reçoit au parlement ses lettres de noblesse. Il avait pour épouse Jeanne *Choël*. Tous deux paraissent souvent dans notre registre.

Collin porte: Au massacre de cerf d'or, entre les cornes duquel entre un aigle d'argent éployé.

Les Humblot d'Outremécourt avaient avec cette famille des liens de parenté.

Thouvenel.

Thouvenel Claude, docteur en droit, lieutenant de la sénéchaussée.

La famille Thouvenel avait place notable à La Mothe. Plusieurs de ses membres figurent dans notre registre. Claude Thouvenel, lieutenant dans une compagnie d'infanterie, était, au siège de 1634, désigné pour la garde et défense du bastion Saint-Nicolas.

Malcuit.

Paul Malcuit avec son frère Antoine, lieutenant, figurent dans notre registre. Ils furent tous deux de valeureux défenseurs. L'un signa l'acte de capitulation, l'autre fut tué au dernier siège. Nicolas Malcuit fut anobli par le duc Léopold le 19 juin 1620.

Malcuit porte : d'or, coupé d'azur, à deux léopards passant et contrepassant de l'un en l'autre, à la bordure engrelée de même, et pour cimier un léopard d'or naissant, issant d'un tortis d'or et d'azur.

De Mailly.

Comment un membre de cette famille si illustre vint-il s'établir en Lorraine? Nous l'ignorons dit Moreri. Les de Mailly sont d'une ancienne maison de Picardie féconde en grands hommes. Nicolas s[r] de Mailly se croisa au XIIIe siècle. Au XVIe siècle (1552), nous voyons un s[r] de Mailly se distinguer au siège de Metz. Charles de Mailly fut sûrement de la défense de La Mothe. Il figure comme capitaine d'une compagnie et porte le titre de baron de Clinchamp.

Continuons l'énumération de cette brillante série de nos illustres Mothois, en citant simplement les noms et quand ce sera possible, les qualités de ces braves habitants de notre cité disparue.

De Norroy ou Nourroy (Charles-Hyacinthe), baron d'Urbache, époux d'Anne de Chastenois (reg. 20 juin 1645). Officier d'une bravoure et d'une fidélité à toute épreuve, attaché à la personne de Cliquot qui en faisait son confident et souvent son associé. (Chapellier.)

De Maillefer, major du régiment de Clinchamp, époux de Magdelaine d'Hacourt.

Les *de Sainte-Marie* figurent différentes fois.

Nicolas Mathiot, capitaine, époux d'Anne de l'Aiguille.

M. de Saint-Amour.

Pierre d'Epinal, conseiller au parlement.

Tobie de la Paix, lieutenant dans la compagnie des capitaines de Montarby et de Roncourt pour la garde du bastion Sainte-Barbe.

Renée de Vinas, sœur de Cliquot (registre 30 sept. 1641).

Charles de Mitry, époux d'Anne L'Espine. Naissance de Laurent de Mitry (22 juillet 1644).

De Losse, capitaine d'infanterie 1634. A signé la capitulation de 1645.

Jean-Baptiste Varin, capitaine de cavalerie 1634. Aurait été tué dans une sortie le 30 mars 1645.

Claude de La Mothe, capitaine d'infanterie (1634). Figure au siège de 1645. Portait : d'or à trois têtes arrachées de lions de gueules, lampassées, allumées et couronnées d'argent.

Baron François de Serocourt, colonel (rég. 23 mars 1643).

De Marne, lieutenant, assista au siège de 1645 et signa l'acte de capitulation.

Chrétien du Chastenoy, anobli en 1488 pour services militaires. Était allié aux de Lavaux, au baron d'Urbache. Porte : d'or au favier ou tige de fève de sable.

De Mussey, capitaine du régiment de Vaudémont et colonel de dragons. Naissance de Jeanne Françoise (20 mai 1642). Signataire de la capitulation 1645. Plus tard, 1719, seigneur de Soulaucourt.

Philippe Regnault, avocat, reg. 16 juillet 1643. Mayeur de La Mothe, qui, après la ruine de La Mothe, se fixa à Bourmont.

Claude Thassard, chirurgien.

De Rémion, colonel. Commissaire et major de La Mothe sous le commandement de Cliquot. Signataire de la capitulation.

Étienne Choël, avocat. Famille importante. Alliée aux de Landrian. Porte : bandé et contrebandé d'or et de sable.

De Stainville (Louis), de Pompierre, capitaine de garde à la place d'armes, beau-fils de M. de Choiseul d'Ische. Au 1er siège, il s'oppose à toute proposition de paix. Vaincre ou mourir, c'était sa devise.

Jacques Maitriot, docteur en médecine.

De l'Alliance, époux de Marie Garnier.

François de l'Aiguille (rég., 20 février 1643).

Nicolas Adnot, chanoine (rég., 21 mai 1642).

Philippe de la Tour, chanoine (25 nov. 1641).

Michel Bardone, chanoine, docteur en théologie (rég. 20 avril 1641).

François Raoul, chanoine (rég. 20 avril 1641).

Jean Bailly, mayeur (4 oct. 1643).

Quelques-uns qui ont leurs survivants à Outremécourt :

Maulbon, avocat, commissaire et receveur des magasins de La Mothe. Il avait la particule et écrivait de Maulbon. Il fut de la défense et était originaire de La Mothe. Figure dans notre registre (26 juin 1644). De cette famille, on cite un prêtre Michel Maulbon d'abord chanoine de Rinel

(Reynel), puis ayant la collation de la chapelle Saint-Jean dans la collégiale de La Mothe (Archives de la Meurthe).

Jean Devillard avait la particule, écrivait de Villaire. Devillard était lieutenant attaché à la personne de Cliquot ; nous voyons aussi Anne Devillard, épouse de Noël Landry.

Dauvoin Claude et son épouse Jeanne Molard sont plusieurs fois signalés dans notre registre. Habitants de La Mothe, ils ont pris part à la défense.

Degoy Claude. Anne Degoy. Ecrivait aussi de Goy. C'était une famille assez nombreuse et importante de la cité.

Briot François. Claude Briot qui tenait le moulin d'Outremécourt.

Le Patau que M. Simonet dit habitant de La Mothe, mais qui, en réalité, était de Sommerécourt, eut aussi dans la défense sa page de notoriété. Il s'illustra par ses sorties sur l'ennemi, ne voulant pour armes que sa hallebarde et son fléau. C'était un batteur en grange.

Briard, avocat, anobli par Charles IV, 1608. Il se distingue au siège de 1634 en donnant l'éveil, sur le bastion Saint-Nicolas, de l'approche de l'ennemi commandé par Turenne. Grâce à son appel, on accourt et, en repoussant l'ennemi, on retarde son entrée dans la ville (Simonet, p. 256).

Porte d'argent à la croix fleuronnée de gueules, au chef d'azur, chargé de trois grenades d'or.

L'histoire ne nous a pas conservé le nom de ce héros de la Consigne qui, en garde sur le bastion Le Duc, voit

accourir de tous côtés, pour relever le corps de son enfant
tué par un boulet de l'ennemi. « Lui, raconte M. Duboys
« de Riocour, aimant mieux manquer au devoir de père
« qu'à celui de soldat, préféra sa faction à toute sorte de
« piété, appliquant par des sentiments d'un vrai bourgeois
« de La Mothe, la mort de son enfant et d'une autre inno-
« cente victime (deux enfants tués) à la délivrance de la
« Ville. » (Simonet, p. 182.)

N'oublions pas *Jean Racinotte*, habitant de La Mothe qui,
avant de mourir, avait préparé sa tombe et celle de sa
femme. Ses soins furent inutiles ; sa tombe qui, comme
beaucoup d'autres, servit à paver l'église d'Outremécourt,
n'eut pas les victimes qu'elle attendait. Racinotte dut
mourir pendant les sièges, et sa femme alla porter ailleurs
sa dépouille mortelle. Pour ne pas exposer sa belle inscription à être effacée complètement, nous avons relevé
cette tombe qui est placée maintenant à l'entrée de l'église.
Voici cette inscription avec son orthographe primitive :

« Hoe (homme) prend garde à toy, avise à ce que tu
« faict, quand l'heure de la mort viendra, tu voudrais
« avoir bien faict.
« Honeste hoe (homme) Jean Racinotte marchand cor-
« donnier dem^t en ce lieu et Élisabeth sa fée (femme) ont
« faict poser cette tombe pour y estre inhumé, quand il
« plaira à Dieu de les appeler. »

Au bas, ses armes : Un tranchet de cordonnier.

Je termine cette énumération de nos braves habitants de
la ville anéantie par la volonté des ministres empourprés,
en signalant les deux derniers baptêmes administrés dans
l'illustre collégiale de la cité. L'un est du 14 juillet 1645 et
l'autre du 19 du même mois. N'oublions pas le mot ajouté

par M. l'abbé Vigneron, curé-administrateur, au nom de
MM. les Chanoines :

« Voilà le dernier enfant baptisé à La Mothe par le sous-
« signé Curé, Vicaire de MM. les très-honorables, la ville
« ayant été rendue aux Français pour la seconde fois et
« rasée jusqu'aux fondements, comme elle se voit à pré-
« sent, nonobstant le traité fait entre le marquis de Ville-
« roy, commandant de l'armée du Roy et le sieur Cliquot,
« commandant de la ville.

« Fait le 8 septembre 1645.

« Signé : Antoine VIGNERON,
« Prêtre indigne ».

Ce qui montre que les démolisseurs envoyés par la Cour
de France, dès le 7 juillet, ont d'abord attaqué les
murailles d'enceinte ; puis ont avancé progressivement en
sorte que, le 19 juillet, l'église était encore debout. Mais
ces démolisseurs étaient en si grand nombre (1.800) que
bientôt le feu, la sape n'avaient plus laissé pierre sur
pierre. Elles sont élégantes de tristesse les paroles du
digne prêtre qui, après avoir ainsi confessé son indignité,
alla terminer sa carrière à Jainvillotte où il fut encore
longtemps curé.

Nous pourrions citer beaucoup d'autres personnages
ayant habité La Mothe et dignes de figurer parmi les nota-
bles ; comme les *Claude Bonhomme, François Guillot*, avocat, *Nicolas Sibillotte, Gilles Loffrard* d'une famille depuis
peu éteinte à Outremécourt. Tous mériteraient d'être
signalés pour leur patriotisme et à tous nous appliquons
la parole sacrée : *Et nomina eorum vivent.*

Nancy, imprimerie A. CRÉPIN-LEBLOND, 21, rue St-Dizier. — 3244

9 782019 936884